NOTA A LOS PADRES

Aprender a leer es uno de los logros más importantes de la pequeña infancia. Los libros de *¡Hola, lector!* están diseñados para ayudar al niño a convertirse en un diestro lector y a gozar de la lectura. Cuando aprende a leer, el niño lo hace recordando las palabras más frecuentes como "la", "los", y "es"; reconociendo el sonido de las sílabas para descifrar nuevas palabras; e interpretando los dibujos y las pautas del texto. Estos libros le ofrecen al mismo tiempo historias entretenidas y la estructura que necesita para leer solo y de corrido. He aquí algunas sugerencias para ayudar a su niño *antes*, *durante* y *después* de leer.

Antes

- Mire los dibujos de la tapa y haga que su niño anticipe de qué se trata la historia.
- Léale la historia.
- Aliéntelo para que participe con frases y palabras familiares.
- Lea la primera línea y haga que su niño la lea después de usted.

Durante

- Haga que su niño piense sobre una palabra que no reconoce inmediatamente. Ayúdelo con indicaciones como: "¿Reconoces este sonido?", "¿Ya hemos leído otras palabras como ésta?"
- Aliente a su niño a reproducir los sonidos de las letras para decir nuevas palabras.
- Cuando necesite ayuda, pronuncie usted la palabra para que no tenga que luchar mucho y que la experiencia de la lectura sea positiva.
- Aliéntelo a divertirse leyendo con mucha expresión... ¡como un actor!

Después

- Pídale que haga una lista con sus palabras favoritas.
- Aliéntelo a que lea una y otra vez los libros. Pídale que se los lea a sus hermanos, abuelos y hasta a sus animalitos de peluche. La lectura repetida desarrolla la confianza en los pequeños lectores.
- Hablen de las historias. Pregunte y conteste preguntas. Compartan ideas sobre los personajes y las situaciones del libro más divertidas e interesantes.

Espero que usted y su niño aprecien este libro.

—Francie Alexander
Especialista en lectura
Scholastic's Learning Ventures

A Giuseppe, nuestro jovial capitán de Maine
— C.R. y P.R.

A Carly, Jennifer, y Evan
— C.S.

Queremos agradecer especialmente a Laurie Roulston,
del Museo de Historia Natural de Denver,
por sus conocimientos.

Originally published in English
as *Octopus Under the Sea.*

Translated by Nuria Molinero.

ISBN 0-439-25041-2

Library of Congress Cataloging-in-Publication Data available

12 11 10 9 8 7 6 5 4 3   03 04 05

Printed in the U.S.A.
First Scholastic Spanish printing, May 2001

23

UN PULPO EN EL MAR

por Connie y Peter Roop
Ilustrado por Carol Schwartz

¡Hola, lector de ciencias!— Nivel 1

SCHOLASTIC INC.
New York Toronto London Auckland Sydney
Mexico City New Delhi Hong Kong

¿Quién vive en el mar
profundo y azul?
¿Quién tiene más brazos
que yo o que tú?

¡El pulpo!

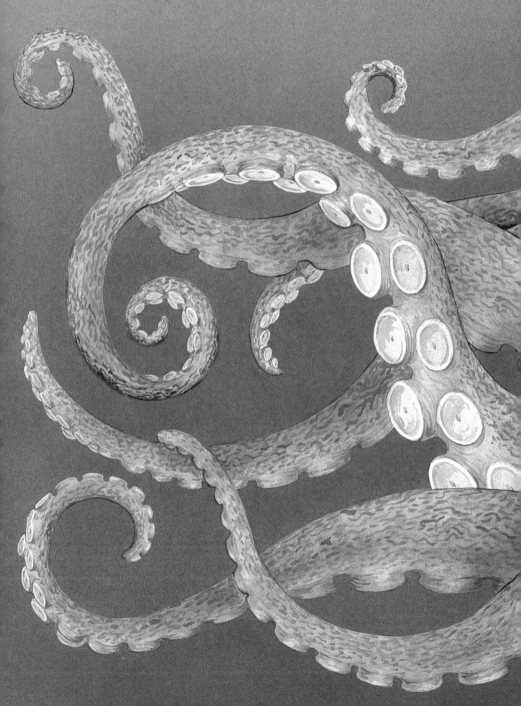

Con sus largos brazos, ocho en total, el pulpo se arrastra debajo del mar.

El pulpo atrapa su rico almuerzo:
camarones, anguilas o un cangrejo.

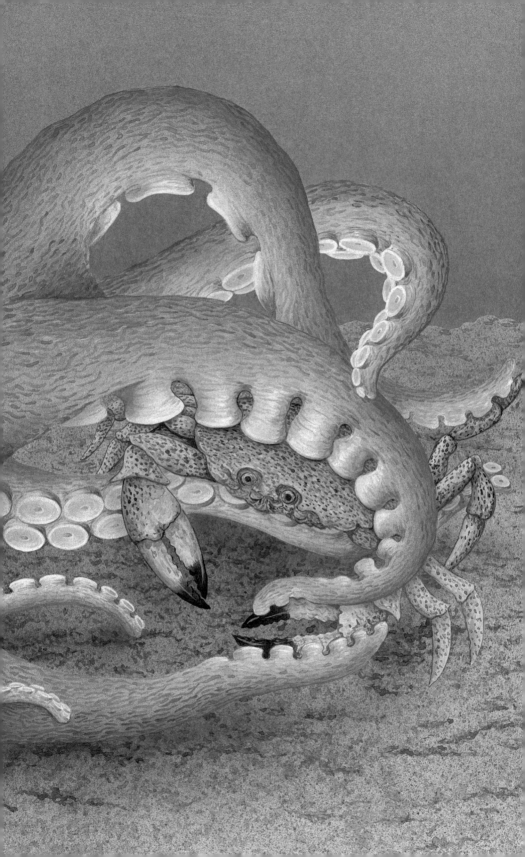

Si quiere escapar a toda velocidad,
echa un chorro de agua y ¡ya está!

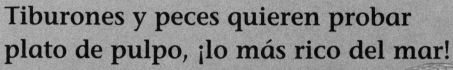

Tiburones y peces quieren probar
plato de pulpo, ¡lo más rico del mar!

¡Visto y no visto!, el pulpo dispara
y de tinta negra se oscurece el agua.

Esta espesa nube es sólo una trampa.
Sin dudar un instante el
pulpo se marcha.

Como hay peligro, se ha escondido.
¡Parece que el pulpo ha desaparecido!

En todo su cuerpo no tiene huesos,
por eso cabe en sitios estrechos.

Hace su casa
en grietas o cavidades,
siempre profundas,
en el fondo de los mares.

Para que los huevos no sufran daños,
mamá pulpo los protege con sus brazos.

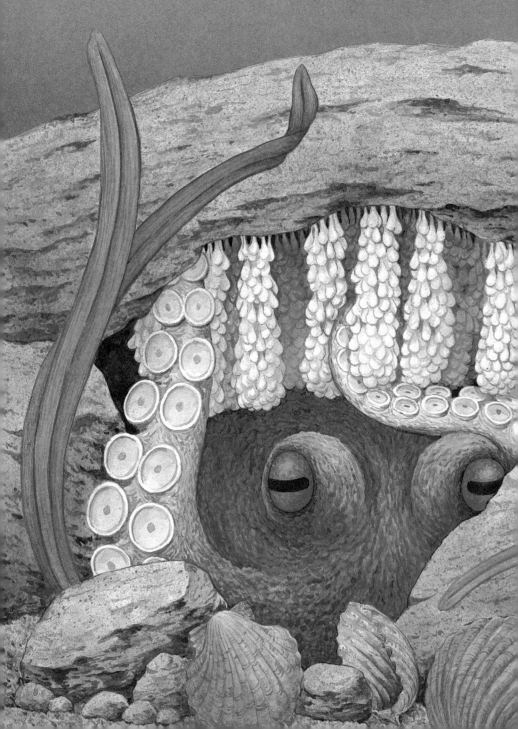

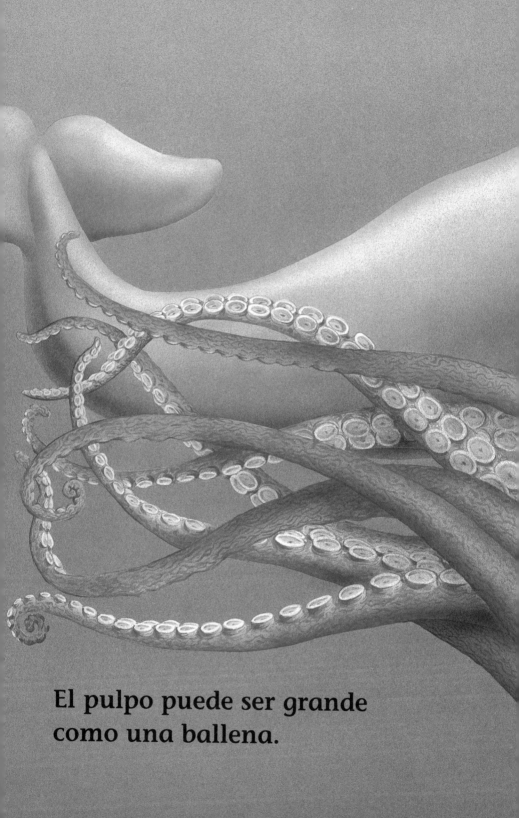

El pulpo puede ser grande
como una ballena.

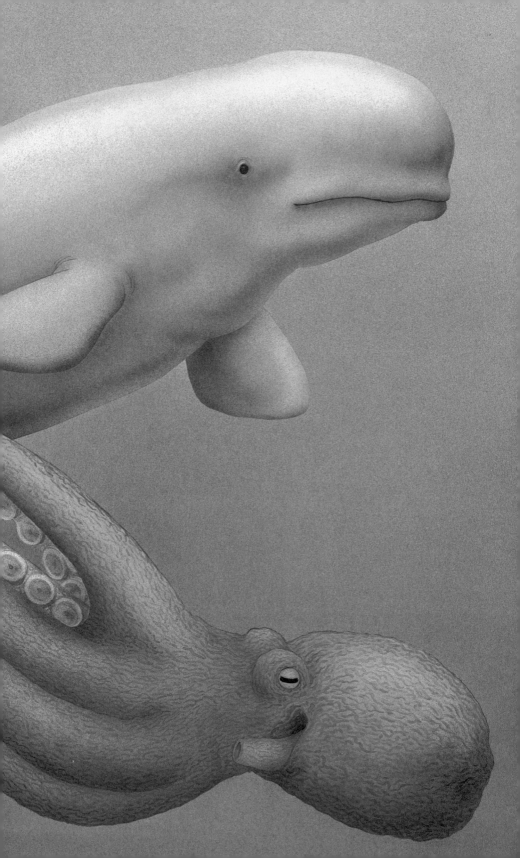

El pulpo puede ser chico como este caracol en la arena.

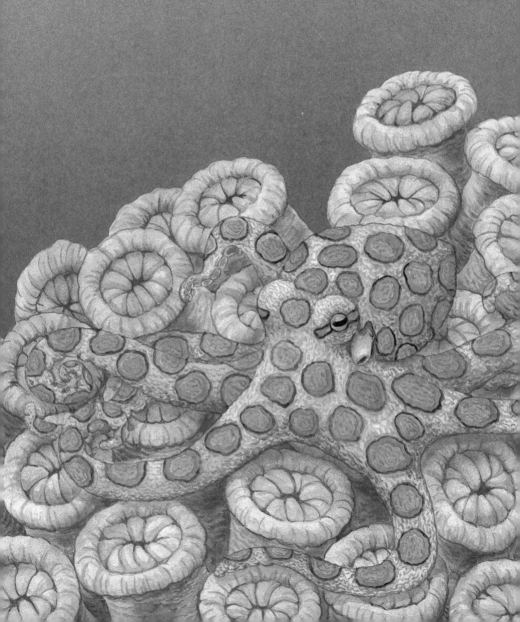

Por todo el planeta, en todos los mares hay pulpos que habitan en las profundidades.